AF452752

RIDENDO
MONET.

LESCOLLE
DE
SALERNE
EN VERS
BVRLESQVE.
Par L. M. P. Docteur
en Medecine

GARGANTVA
PANTAGRVEL

A PARIS,
Chez IEAN HENAVLT, au Palais, dans la Salle Dauphine, à l'Ange Gardien
M. DC. L.
Auec Priuil. du Roy.
Iean Henault exc.

A MONSIEVR,

MONSIEVR PATIN,

DOCTEVR EN MEDECINE

DE LA TRES ANCIENNE,

ET TRESILLVSTRE FACVLTE' DE PARIS.

ONSIEVR,

La santé des personnes de vostre me-
rite est tellement importante au public,
que les particuliers doiuent faire tout
leur possible, pour contribuer à sa con-
seruation. C'est ce qui m'a fait prendre
la hardiesse de vous dedier ce Liure qui
en traitte. ce n'est pas pour vous suggerer
des preceptes de Santé, qui vous sont
parfaitement connus, comme on peut

voir tous les iours par le nombre in-
croyable des malades que vous retirez de
la mort, les remettant en vne parfaite
santé: Mais ie m'eſtimerois heureux, ſi
ie pouuois contribuer quelque choſe à
voſtre diuertiſſement. C'eſt auſſi ce qui a
pretendu l'Autheur de ce Liure, qui a
tâché de méler l'agreable auecque l'vtile, & de ioindre le plaiſir de l'eſprit
auecque les preceptes ſalutaires au
corps, ſachant qu'il n'y a point de con-
ſeil plus vtile pour la ſanté que celuy
qui ordonne de bien viure, & ſe réjoüir:
C'eſt ce que vous ſouhaitte de tout ſon
cœur celuy qui eſt,

MONSIEVR,

De Paris ce 30.
Octobre 1649.

Voſtre tres humble, & tres obeïſſant
ſeruiteur IEAN HENAVLT.

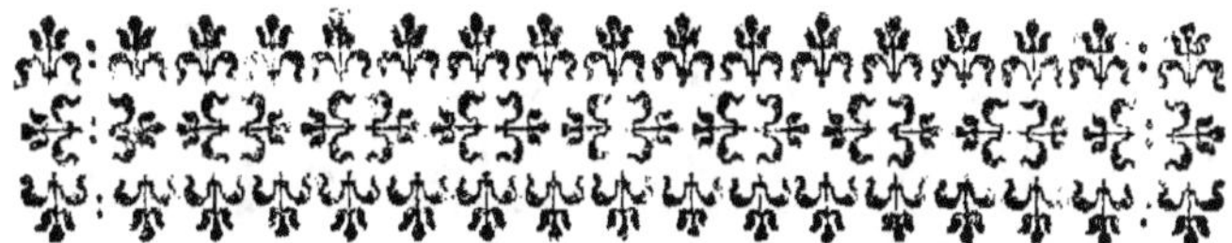

ADVIS SERIEVX
& important

AV LECTEVR.

'A Y creu que l'Eſ-
chole de Salerne
n'auroit pas mau-
uaiſe grace en vers
Burleſques Frãçois,
puis que les Latins ſont à demy
Burleſques ; Il eſt vray qu'ils ne
ſont pas tout à fait Macaroni-
ques, comme ſont ceux de Merlin Coccaïe, ou d'Antoine de A-
rena, mais ils ſont Leonins, c'eſt à
dire rimez, ce qui eſt auſſi plaiſant en Latin que les vers Burleſ-

ques en François; Ie me suis seruy
de l'Eschole de Salerne Latine
que nous a donnée Mr Moreau,
tres-sçauant Medecin de la Faculté de Paris, auquel le public
a grande obligation pour les do-
ctes Commentaires, dont il a or-
né ce Liure. Mais ce n'est pas icy
le lieu d'escrire ses loüanges. Ie
n'ay qu'vn mot à te dire, touchant l'Autheur de ce Liure, que
quelques-vns nomment *Ioannes
de Mediolano*, Iean de Milan, qui
l'offrit au nom de tout le College
de Salerne, à Robert Roy d'Angleterre pour vne telle occasion.

Guillaume le Conquerant Duc
de Normandie, & depuis Roy
d'Angleterre, laissa trois fils apres
sa mort, qui furent Guillaume le
Roux, Robert, & Henry. Guil-

laume

laume le Roux succeda au Royaume d'Angleterre à son Pere ; Robert luy succeda au Duché de Normandie, & suiuit Godefroy de Boüillon en la conqueste de la terre Saincte, où l'Autheur des Chroniques de Normandie remarque qu'il refusa le Royaume de Hierusalem qui luy estoit offert, ayant appris la mort de son frere Guillaume le Roux, qui le laissoit heritier de la Couronne d'Angleterre. Il passa donc à son retour de la terre Saincte par l'Apoüille, pour visiter les Princes de l'Apoüille & de Calabre, qui estoient ses proches parens , & consulta les Medecins du College de Salerne qui estoient pour lors en grande reputation, pour la guerisõ d'vne playe qu'il auoit receuë dans le bras droit au Siege de Hierusalem, & qui s'estoit changée en fistule si maligñe, pour auoir esté faite auec vne flêche enuenimée, que les Medecins conclurent qu'elle estoit incurable, à moins qu'il se trouuast quelqu'vn qui la voulust succer auec la bouche, pour en tirer le venin ; ce que ce Prince ne voulant permettre, pour n'exposer personne à vn danger si euident, sa femme qui l'aimoit tendrement, luy suça sa playe, pendant qu'il dormoit, & le guerist par ce moyen, sans toutesfois encourir aucun danger de sa personne. C'est ce qui donna sujet aux Medecins de Salerne d'inserer vn Chapitre de la guerison des fistules dans leur Liure, & de le

dedier à ce Prince, auquel ils
donnent le titre de Roy d'Angleterre, par ce qu'il estoit heritier presomptif de ce Royaume;
encore qu'il ne l'ait iamais posse-
dé, parce que Henry son frere
puisné se trouuant en Angleterre au temps de la mort de son frere Guillaume le Roux, se ser-
uit de l'occasion, s'empara du
Royaume, & defit son frere Robert qui retournoit en Angleterre auec vne puissante armée
pour recouurer son Royaume;
de sorte que ce Liure fut com-
posé l'an mille cent, par Iean
de Milan Medecin de Salerne.
Au reste tu reconnoistras aisément dans ma Traduction, qu'il
n'y a que les trente premiers vers
qui s'addressent directement au

Roy d'Angleterre, & que i'ay
accommodé le reste à toute forte de personnes, parce que tous
s'en peuuent seruir. Il ne tiendra
qu'à toy d'en faire ton profit.
Adieu, iusqu'au reuoir.

APPROBATION
DES DOCTEVRS,

En vers Burlesques.

NOVS sous-signez Docteurs
en vers Burlesques,
Certifions auoir leu cet escrit;
N'auoir rien leu dedans que
de grotesque
Diuertissant, propre à guerir l'Esprit
Auec le corps du plus melancholique,
Morne, pensif, taciturne animal
Si qu'y lisant tous malades en ique
Pourront trouuer du remede à leur
  mal.
En foy dequoy; Nous, discrettes per-
sonnes,

Auons posé nos quatre noms au bas;
Amy Lecteur, les lisant ne t'estonnes,
Si par hazard tu ne nous connois pas.
Fait à Paris en pleine Table,
Beuuant vin frais & delectable,
L'an mil six-cent quarante neuf,
Et du mois de May le dix-neuf.

Le Comte de RONCAS.
Le Vicomte BONIFACE.
Le Marquis D'ETMOLA.
Le Baron de CHERI.

A

MONSIEVR SCARON,

PRINCE DES POETES

Burlesques.

ENFIN ie t'ay veu dans ta chaise,
Où tu n'es pas fort à ton aise,
Du moins tant qu'vn Predicateur
Escouté de maint Auditeur :
Mais ce que plus en toy i'admire,
C'est ton bel esprit qui se vire
Et se tourne si promptement :
Ie m'estonne, dis-je, comment
Dedans ton corps presque immobile
Veut loger Esprit tant agile,
Qu'il s'eleue en moins d'vn moment
D'icy bas iusqu'au Firmament.

I'eus auſſi cette effronterie,
Et ie le dis ſans raillerie,
De te monſtrer mes chetifs vers
Qui ſe trainent comme des vers,
Pour les ſcuſmettre à ta cenſure
Que ie n'eſprouuay point trop dure,
Ains remplie de iugement,
De ſens & de grand penſement,
Et telle que jadis vn homme
Que Caton l'on nommoit à Rome
En rendoit & ſoir & matin,
A l'antique peuple Latin.
I'ay pris meſme la hardieſſe
De faire valoir cette pieſſe
Par ta docte Approbation,
Et par ta ſoubſignation,
Qui pour n'eſtre pas toute nuë
Ne lairra pas d'eſtre connuë
De main judicieux Lecteur.
A tant. Ie ſuis ton ſeruiteur.

LESCHO-

L'ESCHOLE
DE SALERNE
AV LECTEVR,
Burlesque.

E fuis l'Efchole de Salerne,
Et ie veux bien que l'on me
    berne,
Si i'ay defpensé plus d'vn
mois,
Pour apprendre à parler François:
    Ergo, di ras-tu, ma commere,
D'apprendre il ne te coufte guere?
Il eft vray que Henault m'a dit
Que i'auois affez bon efprit,
Et que i'eftois grande Clereffe:
Mais moy qui n'entends point fineffe

A compofer vn Compliment,
I'ay refpondu tout franchement;
Vois-tu, Henault, ce n'eft l'affaire
D'vn Imprimeur, ou d'vn Libraire
De iuger quand vn Liure eft bon,
S'il ne fait venir le tefton;
Car en ce cas, bon eft le Liure
Qui fait venir argent pour viure;
Mais laiffe iuger le Lecteur,
Il eft fage comme vn Docteur;
Il nous fçaura bien-toft qu'en dire,
S'il y trouue rien à redire.
Or fus, Lecteur, fi tu m'as lû,
Dis moy, par ta foy, qu'en dis-tu?

A MONSIEVR

MARTIN,

SVR SON ESCHOLE

DE SALERNE

TRAVESTIE.

Ode Burlesque.

QVE tu vas t'acquerir de gloire
Au Temple de Dame Memoire,
Et dans toute la France aussi
Par le Burlesque que voicy!
Ie suis trompé, si son bel ordre
Ne donne du fil à retordre
Aux Escrits que nous ont laissez

ij

Ces deux Illuſtres Trepaſſez,
De qui l'Eminente doctrine
Les fit Rois de la Medecine.
   Certes quiconque le lira,
Quiconque le pratiquera,
Ie veux qu'on me donne vn cliſtere
D'eau toute pure, & toute claire,
Si de ſa vie il a beſoin
De chercher auec tant de ſoin
Ces Gens, dont ie hais les lancettes,
Les Récipez & les Recetes,
Pour ſe maintenir en ſanté,
L'Hyuer auſſi bien que l'Eſté;
Iuſques à tant que Dame Parque
Le culebutte dans la Barque,
Où l'on trauerſe l'Acheron
En payant vn double à Charon.
Que dis-je vn double ? ie m'abuſe,
Ce beau viſage de Meduſe,
Ce vieux penart de Nautonier
N'a iamais pris plus d'vn denier.

Ouy, MARTIN, *ie veux qu'on me*
    berne,
Si ton Eschole de Salerne
Ne t'éleue au thrône d'honneur
Aupres de ce docte Sonneur
SCARON, *dont le style Burlesque*
Du serieux fait du grotesque,
Si bien, que veritablement
Il ne semble pas seulement,
Tant il coule doux dans la bouche
Que cét Esprit charmant y touche.
    Desia ie voy que l'Vniuers
Trouue des charmes dans tes vers,
Et n'est pas mesme iusqu'aux Filles
Qui n'abandonnent leurs éguilles,
Pour se trouuer soir & matin
Dedans l'Eschole de MARTIN.
Pour moy, tant qu'on me vera viure
Ie n'auray iamais d'autre Liure,
Ie donneray congé tout net
A tous ceux de mon cabinet ;

Là, seul on le verra paraiſtre,
Puis qu'il eſt des autres le Maiſtre.

FRANÇOIS COLLETET,
fils de G. COLLETET.

L'ESCHOLE
DE
SALERNE,
En vers Burlesques.

EPISTRE DEDICATOIRE
AV ROY D'ANGLETERRE.

Vous, Roy de la Grand' Bretagne,   Anglorum
Iadis le pays de Cocagne,   Regi
L'Eschole des Salernitins   scribit
En corps, escrit ces vers Latins.   Schola tota
                                    Salerni,

A

Latins ? dira quelque Critique ;
Parbieu vous estes Heretique,
Ou ie n'entends pas le François ;
Mais vois-tu bien, qui que tu sois ?
La response m'est fort aisée ;
Ces vers estoient l'année passée
En Latin, & depuis vn mois
Ie les ay tournez en François.

Mais pour reuenir à mon conte,
Ce me deust estre vne grand' honte,
Et lourde faute ce seroit,
Si tout permis en vers n'estoit,
De laisser le Roy d'Angleterre
Seigneur d'vne si belle terre,
Si riche en prez & en brebis
Pour quelque Raminagrobis.

Si vis incolu-
mem,
si vis te
reddere sanû,

Oyez donc, Grand Roy, la maniere
D'auoir santé tousiours entiere,
Sans vser de medicamens,
De bolus, ny de lauemens,
De Sirops, Iuleps, Apozémes
Qui rendent les personnes blémes,

De ventouses, de frictions,
Ny de scarifications,
Et pour viure longues années
Sans medecines ny saignées;
Laissant tout autre Auant-propos,
Ie vay l'escrire en peu de mos.

PREMIER CHANT.

Aduis generaux pour la conseruation de la Santé.

L'*A douce liqueur de vendange*   Parce mero,
Ne se doit boire sans mélange;
I'entends que pour viure bien-sain
Faut mettre de l'eau dans son vin:
  Icy me dira quelque yurogne,
Ie voudrois vn peu voir ta trogne,
N'as-tu point le triste museau
De quelque palle beuueur d'eau?
Car beuuant d'oisons le breuuage,
Tu dois en auoir le visage.

A cela ie ne respons rien,
Et ce faisant, croy faire bien;
Car vn yurogne (ou qu'on me tonde)
Ne merite qu'on luy responde.

 Passant donc à d'autres discours,
Poursuiuons toûjours nostre cours,
Et disons que tout honneste homme
Aussi bien à Paris qu'à Rome,
S'il veut conseruer sa santé,
Doit dire Benedicité,
Quand il soupe fort prez de Grace,
(Sur tout si la personne est grasse)
Puis prendre quelque passetemps,
Si de ce faire il a le temps.
Il est aussi vray qu'vn Adage,
Que pour viure long & bel âge,
Il faut souper legerement;
Je le prouue, & voicy comment.

 Nostre cerueau, si bien i'y songe,
Ressemble à peu prés vne éponge,
Qui tire à soy l'humidité;
Dont la trop grande quantité

Cœnato
parum,

Recom-

Retombant deſſus les parties,
Cauſe beaucoup de maladies,
De catherres, de fluxions,
Et d'autres telles paſsions,
Qui mennent en grande miſere
Vn pauure mortel dans la bierre :
Le ſommeil d'vn autre coſté
Augmente cette humidité ;
La nuict nous fermant la prunelle,
N'humecte pas moins la ceruelle ;
Ergo pour éuiter les maux
Qui de mort aiguiſent la faux,
Diſnons bien, mais ne ſoupons gueres,
Et nous viurons plus que nos peres.

   Vn autre aduis tres-important,
C'eſt qu'apres auoir beu dautant,
Et bien mangé, car (car l'vn ſans l'autre
C'eſt vn Moine ſans Patenôtre)
Il fait fort bon ſe promener,
Sauter, dancer, ſe demener ;
En vn mot, de faire exercice,
C'eſt choſe à la ſanté propice.

Non ſit tibi
vanum ſur-
gere poſt
epulas.

B

Somnum fuge
meridianum.

Sur tout euite le sommeil
Pendant la chaleur du Soleil:
Nostre bonne Mere Nature
Nous a donné la tablature
Pour pouuoir viure sainement,
Si nous la suiuons reglément.
Elle nous donne la lumiere,
Qui le long du iour nous eclaire;
Enfans, dit-elle, trauaillez,
Sautez, dançez, ioüez, veillez;
Mais quand le soir vient, sans mot dire,
Lors la lumiere elle retire,
Enfans, c'est assez trauaillé;
Sauté, dancé, ioüé, veillé,
Il est desormais temps de prendre
Repos, & au sommeil se rendre.
Ce sont là les belles leçons
De nostre Grand'-mere. Passons.

Ne mictum
retine, ne
comprime
fortiter anū.
Curas tolle
graues.

Ne retien ny vent, ny matiere
Ny par deuant, ny par derriere.
Chasse loin de toy les soucis,
Qui nous rendent ieunes, chancis,

Les soins, qui comme noires ombres,
Nous rendent palles, tristes, sombres,
Et pense, si tu veux m'oüyr,
A bien viure, & te réjouyr.

    Apprend aussi que la colere
Est vne chose fort contraire
Au repos de l'indiuidu.
Or escoute le residu,
Ie n'ay plus qu'vn mot à te dire
Touchant ce maudit peché d'ire.

    Ce qui te fasche, c'est vn mal,
Or dis moy, mon cher animal,
Ou tu peux y mettre remede,
Et lors, si tu veux que Dieu t'ayde,
Commence toy-mesme à t'ayder,
Sans perdre le temps à gronder;
Ou ledit mal est sans resource,
Par exemple on a pris ta bource,
Et suiuant les meurs d'auiourd'huy,
On ne te la rendra meshuy;
Et pour cela te faut-il pendre?
Faut il Dieu de tous costez prendre?

Tes maux ne sont-ils assez grands?
Sans celuy que de gré tu prends
Va, crois-moy, tu n'es qu'vne beste,
Si tu ne t'oste de la teste
Aniourdhuy plustost que demain
Ce qu'il faut oublier enfin.

    Si tu gardes bien ces preceptes,

Hæc bene si
serues tu lon-
go tempore
viues.

Tu pourras sans autres receptes,
Sans aller en Hierusalem,
Viure autant que Mathusalem,
    Si d'hazard estant en Champagne

Si tibi defi-
ciant Medici,
Medici tibi
fiant

En Anjou, Touraine ou Bretagne,
Tu ne peux auoir Medecins,
Qui rendent les malades sains;
Sans te seruir d'vn Empyrique,
Ie t'enseigneray la pratique,
Pour rentrer sans difficulté,
Et dans peu de temps en santé.

Hæc tria.

    Trois Medecins non d'Arabie,
Ny de Grece ny d'Italie,
Te pourront ayder au besoin,
Sans les aller chercher fort loin.

Ils sont meilleurs que l'on ne pense,
Et ne font aucune despense.
  Le premier c'est la gayeté ;
C'est la fine fleur de santé,
C'est de nostre vie la fosse,
Sans qui vaut mieux estre en la fosse :
  Le second, repos moderé,
De corps, & d'esprit asseuré,
Ferme, tranquille, inuariable :
  Le troisiesme, c'est courte table ;
Autrement la sobrieté
C'est la grand'-Mere de santé ;
Si nostre grand-pere Hippocrate
D'vn faux Oracle ne nous flate.
Voila preambulairement
Ce qui fait viure sainement.
  Si tu veux maintenant apprendre
En détail, & tout bien comprendre,
Poursuy de lire l'autre Chant,
Et tu verras bien-tost comment.

Mens hilaris,

Requies moderata,

Dieta.

C

SECOND CHANT.

De l'Air & des Alimens.

Aer sit purus,
sit lucidus &
bene clarus,

S I tu veux choisir ta demeure
Où tu puisses viure à toute heure
En santé, ioyeux, & content,
Prends vn air pur, clair & constant,

Infectus per
se, nec olens
fœtore cloa-
cæ,

Qui ne soit infecté d'ordure,
De puanteur, de pourriture,
Ny de quelque autre infection
Qui tende à la corruption.

Voyons maintenant la pasture
De ton corps, & sa nourriture;
Quand, combien de fois, & comment,

Quale, quid,
& quando,
quátum, quo-
ties, vbi, dan-
do.

Tu dois prendre ton aliment.
Mais, par ma foy, ie suis bien beste,
De me vouloir rompre la teste,
A prescrire la quantité,
Aussi bien que la qualité
De tout ce qui non sans despance

Doit deualer dedans ta pance ;
Ce n'est pas aussi mon dessein :
Mais celuy qui veut viure sain,
Doit bien connoistre sa nature,
Et ne point prendre de pâture
Que ce ne soit conformément
A son petit temperament,
A son sang, son foye, & sa rate ;
Quelqu'vn de rire icy s'esclate,
Et dit ; Morbieu du Charlatan,
Ie pensois voir en vn instan
Soit pour l'Esté, soit pour l'Autonne
La peinture de ma personne ;
Luy puisse venir le farcin :
N'iniurie ton Medecin.
Ie vay maintenant te décrire
Ce qu'à nature peut suffire
Les œufs frais, blancs, longs, grands,
    sont bons,
Aussi bien que les gras boüillons ;
Vin clairet & pain de Gonesse
Meinent l'homme iusqu'en vieillesse.

Ista notare
cibo debet
medicus bene
doctus.

Oua recétia
(candida, lõ-
ga, noua,)
vina rubétia,
pinguia iura,
Cum similâ
purâ naturæ
sunt valitura.

Que si tu veux deuenir gras
Les vers suiuans pratiqueras,
Que pourras aisement entendre.

Nutrit & impinguat triticum, lac, caseus infans,

Tu mangeras de ton pain tendre,
Du lait, du fromage nouueau,
De la chair fraische de pourceau:

Testiculi, porcina caro, cerebella, medullæ,

Quelquefois aussi la ceruelle
Des cheureaux, auec la mouelle;
L'vsage frequent des chapons
Fait deuenir les hommes rons,

Dulcia vina

Pourueu que bon vin soit sur table,

cibus gustu iucûdior, oua Sorbilia, & ficus

Et mesme tout mets agreable,
Quoy que moins bon, peut engresser;
Figues bien meures au desser,
Auec raisins nouueaux sans peine

maturæ, vuæque recentes.

Te rendront aussi gras qu'vn Moine.
Que si malade tu deuiens,
En danger de perdre tes biens,
Ou que tu sois atrabilaire;
(Ce mot ne te mette en colere,
Bien souuent les meilleurs espris
Sont les premiers de ce mal pris)

Tu

Tu ne mangeras point de pesche,
Quoy que le contraire on te presche,
Pommes & poires laisseras
Pour quand mieux tu te porteras,
Pareillement à ton vsage
Ne sera ny laict, ny fromage,
Si ce n'est d'asnesse le lait,
Qu'au matin boiras à souhait.

La chair de beuf & de la chevre,
Celle du cerf, ou bien du lievre
N'entreront dans ton estomac,
Si tu ne veux passer le bac
Du Sieur Caron sur l'onde noire
Où la Parque nous meine boire.

Pour donc ratraper ta santé,
Ne romps les bornes qu'a planté
Nostre dame & mere Nature
A la malade creature,
Ainsi faisant, viure pourras
Iusqu'à la mort ; malgré les rats,
Les enuieux & les Critiques,
Les jaloux & les Heretiques,

D

Mais, toute raillerie à part,
Sois sobre, & tu seras gaillart.

TROISIESME CHANT.

De la qualité des Alimens.

LEs choses ameres, salées,
De haut goust, & les espicées,
T'eschauferont passablement,
Si tu n'es froid comme vn diamant.

Les choses aigres au contraire,
Rafraischiront ton mesentere,
Les aspres te resserreront,
De la foire te garderont;
Les choses grasses, onctueuses
Insipides & doucereuses,

Sont de moyen temperament,
Et nourrissent fort sainement.

   Le boüilly donne nourriture
Bien plus saine que la friture;
Le rosty resserre & restraint,

L'aigreur defcharge l'embon-point,
Les chofes cruës le ventre enflent,
Et les falées le defenflent.

La fauge, le fel, & le vin,
Le poivre, l'ail & le perfin,
Aident à faire bonne fauffe,
Si noftre Efchole n'eft point fauffe.

Ie fçay que perfil dire on doit,
Mais rime ainfi ne le vouloit,
Rime qui fouuent eft contraire
Au deffein qu'on a de bien faire:
Pardonne donc, Amy Lecteur,
Si tu veux vn iour eftre Auteur,
Ie te iure par la bouteille,
Que ie te rendray la pareille,
Et que ie feray de bon cœur,
A tout iamais ton feruiteur.

Parlons donc d'vne autre matiere:
Il faut difpofer la faliere
Droit au beau milieu des difneux,
S'ils font beaucoup, il en faut deux;
Car le fel eft fort neceffaire

Acria pur-
gant, cruda
fed inflant,
falfaque fic-
cant.

Saluia, fal
vinum, piper,
allia, petrofe-
linum.
Ex his fit
falfa, nec erit
commixtio
falfa.

Vas condi-
menti prepo-
ni debet e-
denti.

Quand on veut faire bonne chere.

Le sel garde de tout poison,
Et donne bon goust au poisson,
Au pain, à la chair, au potage;
Que te diray-je dauantage?
Que rien ne dégouste vn mortel
Si fort qu'vn potage sans sel.

Mais l'excez nuit en toutes choses;
Ouide en ses Metamorphoses,
Parlant de deux hardis voleurs;
L'escrit ainsi; là, ou ailleurs,
Qu'importe quand vne sentence
Vient à propos de ce qu'on pense
De cotter l'endroit ou le vers;
Aussi n'es-tu pas si peruers,
Que de vouloir qu'on mette en marge
Iustement le liure & la page.

Ie disois donc que tout excez
Conduit l'homme droit au decez.
Ainsi le trop frequent vsage
Du sel nuit aux yeux du visage,
Et pour trop manger de salé,

Tel

Sal virus
refugat recte,
insipidumque
saporat.

Nam sapit
esca male quæ
datur absque
sale.

Dedale &
Icare.

Vrunt res
salsæ visum,
semenque mi-
norant.

Tel galand s'est long-temps galé.
Ie dis plus, que de la semence
Le sel retranche l'abondance:
Ainsi, Mes-Dames de Paris,
Le sel peut nuire à vos maris ;
Prenez y doresnauant garde,
Et chacune de vous se garde,
Pour bien profiter de ce mot,
De mettre trop de sel au pot.

Et generant
scabiem,
pruritum sine
rigore.

QVATRIESME CHANT.

Des quatre Saisons de l'Année.

LEs quatre Saisons font l'année.
Que dit cette vieille dannée ?
La grand' merueille que voila ;
Ne sçauons-nous pas bien cela?
Ie croy, par ma foy, qu'elle est fole,
Dira quelqu'vn, de nostre Eschole.
Ne sumetis, Monsieur quelqu'vn,

E

Parlons tour à tour, vn à vn,
Il est vray que sans hyperbole
Ie suis plus vieille que Bartole;
I'ay des ans plus de cent & dis:
Mais ie sçay bien ce que ie dis;
Ie ne suis pas encor si sotte
Que de croire que ie radote,
Celuy qui m'a ressuscité
M'a rajeuni de tout costé;
Me donnant vn nouueau visage
Aussi bien qu'vn autre langage.
Escoute donc mes documens,
Et puis tu verras si ie mens.

Au Printemps, peu de nourriture
Est conuenable à la Nature;
En Esté la chaleur du temps
Refuse beaucoup d'alimens;
Prend garde que les fruits d'Autonne
Ne facent tort à ta personne :
En Hyuer tu peux librement,
Manger à ton contentement,
Autant que ta faim le demande;

Temporibus Veris modicum prandere iuberis,
Sed calor æstatis dapibus nocet immoderatis:
Autumni fructus causæ ne sint tibi luctus,
De mensa sume quantumuis tempore brumæ.

Si ce n'est que fievre gourmande
Qui beaucoup de gens fait mourir,
Ne te vueille faire perir;
Car le gourmand, dit Iambedosse,
Auecque les dens fait sa fosse.

   Ne mange donc iamais deuant,
Si ie mettois Soleil-leuant,
Il n'y auroit rien à redire,
Mais ce n'est ce que ie veux dire:

   Ce que ie veux dire, est qu'il faut,
Si tu ne veux mourir bien-tost,
Attendre à manger que ta pance
Soit vuide de toute substance;
Tu le pourras connoistre assez,
Si voyant poulets fricassez,
Ou telle chose au cœur qui touche,
L'eau t'en vient bien-tost à la bouche.

En vn mot, de ton appetit
Faut tousiours garder vn petit,
Comme le Boulanger reserue
Du leuain qui la paste leue.

   Aussi sans faim ne mange pain,

Tu nunquã comedas, stomachum nisi noueris ante.

Purgatũ vacuumque cibo quẽ sumpseris ante.

Ex desiderio id poteris cognoscere certo.

Hæc tibi sin signa subtilis in ore diæta.

Non bibe non sitiens, & non comedas s̄turatus.

Et sans soif ne bois point de vin,
La faim guerit les maladies,
Et fortifie les parties
Qui seruent à digestion
Et à l'alimentation;
Si pourtant elle est exceßiue,
Elle nuit à la nutritiue :
C'est belle chose en verité
Que garder mediocrité.

Est sitis atque fames moderata bonum medicamen,

Si super excedant, important sæpe grauamen,

CINQVIESME CHANT.

Du souper & du dessert.

Ex magna cœna stomacho fit maxima pœna,

L'Estomach a bien de la péne
A digerer trop grande cene ;
Mais sans vser de mot Latin
Que nous lairrons à Calepin,
Outre que le mot est reuesche,
Et ressent vn peu trop le Presche,

Si vis esse leuis, sit tibi cœna breuis.

Je dis pour viure gayement
Qu'il faut souper legerement;

Au

Au dessert quelque confiture
Ne peut pas nuire à la nature,
Et nommement le còtignac
Est fort amy de l'estomac.

   Apres la chair vient le fromage,
Qui moins en mange, est le plus sage,
Apres le poisson vient la nois,
Vne vaut mieux, que deux ou trois.

   Si tu veux souper auec ioye,
Auec bon vin ouure la voye,
Ou bon broüet; cela s'entent :
Mais le bon vin vaut bien autant.

   Sur tout si ta santé t'est chere,
Vis à ta façon ordinaire,
Principalement estant vieux,
Si quelque appetit vicieux
Ne t'a mis dessous son empire;
En ce cas, pour que tu n'empire,
Change le petit à petit,
Et non à coup. Qui me l'a dit?
C'est nostre grand Maistre Hippocrate,
De qui l'illustre nom esclate

F

Post pisces nux sit, post carnes caseus adsit, vnica nux prodest, nocet altera, tertia mors est.

Vt vites pœnam, de potibus incipe cœnam.

Omnibus assuetam iubeo seruare diætã, Approbo sic esse, ni sit mutare necesse.

Hippocrates testis quoniã sequitur in la pestis.

Par tous les coins de l'Vniuers.
Mais, tout beau; c'est trop haut, mes vers!
Sçauez-vous pas que le Burlesque
Demande vn stile plus grotesque?
    La coustume souuent preuaut
Où la Medecine defaut.
    Et si tu ne la suis, ta cure
Pour le certain sera mal-sûre.
    Si tu veux viure en homme caut,
Ne mange pas ton pain tout chaut,
S'il n'est trempé dedans la soupe;
Le pain chaud l'estomach estoupe :
Aussi ne doit-il estre dur,
Comme le pouroit estre vn mur;
Comme estoit celuy que le traistre
Sathan offrit à nostre Maistre :
Ce rustre estoit bien mal courtois,
Et meritoit d'auoir du bois,
Pour bruler, cela va sans dire,
Et non pour son pain faire cuire;
Aussi bien n'en mange-il pas.
Mais ie croy, Messer Satanas,

Fortior est metâ medicinæ certa dieta.

Quam si non cures, Fatue regis & male curas.

Panis nec calidus, nec sit nimis inueteratus.

Que tu ne manques point de bûche
Pour te chauffer dedans ta huche.

En poisle ton pain ne friras,
Mais dans le four tu le cuiras
Auec bonne & belle farine
Qui moult aide contre famine.

Il ne doit estre deux fois cuit,
Si tu ne veux faire biscuit,
Non comme celuy de Bazoche
Qui ne nuit point dedans la poche;
Mais tel qu'en firent autresfois
A Paris peu apres les Rois,
Fines gens, craignans que famine
Ne leur fist faire grise mine.

Dans la paste mets du leuain,
Et crois qu'on ne l'y met en vain,
Le pain aura meilleure vûe;
Mais ie croy que i'ay la berluë,
Ie veux dire, il aura des yeux,
Qui feront que tu verras mieux.

Manger forte croûte est vtile,
Pour amasser bien de la bile,

Non bis decoctus, non in sartagine frixus.

Sed fermentatusque, oculatusque, ac bene coctus
Et salsus modice,
Et frugibus validis electus.

Non comedas crustam, coleram quia gignit adustam.

Bile copieuse qui fait
Qu'vn homme en colere se met
A tout moment, mesme sans cause,
Qui est vne facheuse chose.

La soupe au vin a double effet,
Outre deux autres qu'elle fait :
Primò les dents elle nettoye,
Et puis fait que mieux l'homme voye:
Le cerueau vuide elle remplit,
Et mesme elle aiguise l'esprit.

Je ne te dis rien du potage,
Sinon qu'il remplit dauantage;
Encor que le mesme d'ailleurs
Chasse les mauuaises humeurs.

SIXIESME CHANT.

Des Herbes & Legumes.

LEs pois sont-ils bons, ma comere ?
Ne vous mettez pas en colere ;
Ie sçay bien pour qui ie vous prens,

Vous

Vous ne vendez pas des harens
Non plus que des pois , mais de grace ,
Dites moy sans rider la face,
Les pois seruent-ils aux poulmons?
R. Ils sont bons, ils ne sont pas bons.
Ie croy que vous estes faschée;
R. Non est; Ie ne suis courroucée;
Ie dis la pure verité,
Iamais ie n'ay dit fausseté.

   Mais comment cela peut-il estre?
R. Or écoutez donc, mon doux Maistre,
Prestez l'oreille seulement,
Et vous pourrez sçauoir comment.

   Si vous mangez les pois sans cosse,
Vous n'aurez la pance trop grosse;
Mais si les pois passez ne sont,
La bedaine ils vous enfleront,
Et vous rempliront l'hypocondre,
Comme vne poule preste à pondre.

   La febue n'est bonne aux goutteux.
Tous les legumes sont venteux,
Leur jus , ou celuy des herbages ,

Est inflama-
tiuum cum
pellibus, at-
que nociuum,
  Pellibus a-
blatis , sunt
bona pisa sa-
tis.

Manducare
fabá caueas,
parit illa po-
dagram.
  Ius olerum

G

Eſt fort bon pour faire potages.
    Nos Docteurs diſent que le vin
Fait auec bugloſe, eſt diuin
Pour chaſſer la melancholie,
Et qu'il fait faire chere lie.
    La bourroche eſt de gaye humeur,
Et dit ; ie reſioüy le cœur ;
Ie ſuis meilleure que l'hyſope
Pour ceux qui tombent en ſyncope.
    La maßue le ventre amollit,
Et ne vaut rien pour vn chienlit,
Ains eſt bonne à celuy, ou celle
Qui ne peut aller à la ſelle ;
Et ſert auſſi quand vous n'aueʒ,
Mes Dames, ce que vous ſçaueʒ.
    La raue eſt bonne à la poitrine
Autant qu'aucune autre racine,
A vne autre choſe elle ſer,
C'eſt qu'elle fait fort bien piſſer,
Prouoquant copieuſe vrine,
Et cauſe aux dents quelque ruine,
Si le nauet n'eſt aſſez cuit,

cicerumque
bonum , ſub-
ſtantia praua,
  Vinum po-
tatum quo ſit
macerata bu-
gloſſa.
  Mœrorem
cerebri dicũt
auferre periti.
  Fertur con-
uiuas deco-
ctio reddere
lætas.
  Dicit Borra-
go gaudia
ſemper ago.
  Cardiacos
aufert Borra-
go, gaudia
confert.
  Dixerunt
maluam vete-
res quod mol-
liat aluum,
  Huius radi-
ces raſæ ſol-
uunt tibi fœ-
ces ;
  Vuluam mo-
uerunt, & flu-
xum ſæpe de-
derunt.
  Rapa iuuat
ſtomachum
nouit produ-
cere ventum,
  Prouocat
vrinam prę-
ſtatque in dę-
te ruinam.

  Si male co-
cta datur, tibi
torſio ſic ge-
neratur.

Alors à l'eſtomach il nuit.
  Le boüillon de choux eſt contraire
A ce que la ſuſtance opere,
Le premier le ventre amollit
Et la ſeconde l'endurcit
Mais qui les deux enſemble maſche,
Auoir pourra le ventre laſche.
  Le cerfueil mis ſur vn cancer
Auec miel le fera ceſſer;
Si tu le mets dans ton breuuage,
(l'entends du vin, non du potage)
Le mal de coſté guerira,
Et de vomir t'empeſchera,
Te ſeruira de Medecine,
Si tu le mets ſur ta poitrine.
  Si deuant que monter ſur mer,
Tu prends vn peu de vin amer,
Ie veux dire du vin d'abſinte,
De vomir tu n'auras la quinte.
L'abſinte conforte les ners,
Eſt bon auſſi contre les vers,
Chaſſe poux, puces & punaiſes,

Ius caulis
ſoluit cuius
ſubſtantia
ſtringit.

Vtraque quã-
do datur, ven-
ter laxare pa-
ratur.
  De Charefo-
lio.
  Appoſitum
cancris tritũ
cum melle
medetur,

Cum vino
potum lateris
ſedare doloré
Sępe ſolet, tri-
tam ſi nectis
deſuperherbã;
Sæpe ſolet vo-
mitum, ven-
tremque tene-
re ſolũtum.

De Abſinthio.
Nauſea non
poterit quen-
quam vexare
marina,

  Antea com-
mixtam vino
qui ſumpſerit
iſtam.
  Confortat
neruos &
cauſas pecto-
ris omnes,

Serpentes
nidore fugat,
bibitumque
venenum,
  Auris depel-
lit sonitum cũ
felle bouino.
  Abrotono
crudo stoma-
chi purgabi-
tur humor:
  Vrbanus per
se nescit pre-
tiũ scabiosæ.
  Confortat
pectus quod
deprimit ægra
senectus;
  Lenit pul-
monem, tollit
laterumque
dolorem,
  Vino pota-
tur, virus sic
euacuatur,

De Chelido-
nia.

Cœcatis pul
lis hac lumina
mater hirun-
do
  (Plinius vt
scripsit)quã-
uis sint eruta,
reddit.

Qui sont contraires à nos aises;
Auecque fiel de bœuf enduit,
De l'oreille il oste le bruit

    L'auroësne purge la poitrine,
Et mesme tuë la vermine.

    Le vulgaire inepte & badaut
Ne sçait ce que scabieuse vaut;
Elle conforte la poitrine,
Quand froide vieillesse la mine,
Poulmons sont par elle addoucis
Et maux de costé racourcis.
A vray dire, l'eau de scabieuse
Est d'vne vertu merueilleuse,
Estant beuë auecque du vin,
Elle garde de tout venin.

    Parlons maintenant de l'esclaire,
On dit que les yeux elle esclaire,
Et l'hirondelle, (à ce que dit
Pline, vn Autheur sans contredit)
Auec cette herbe rend la veüe
A ses petits qui l'ont perdüe
Ie n'asseure pas qu'il soit vray,

Mais

Mais Pline, Autheur, dont cas ie fay
Dans la vingt-cinquiesme parcelle
De son Histoire Naturelle,
Ainsi l'escrit; est-ce vn abus?
Ie croy qu'il l'a dit, & rien plus.

   L'hyssope est bonne aux flegmatiques,
Auec miel aide aux pulmoniques,
Du visage oste la palleur,
Et luy donne bonne couleur.

   Ie dis que la mente est menteuse,
Si lente elle est, & paresseuse
A tuer les vers dans le corps,
Et les chasser viste dehors.

   Les effets du senoüil sont quatre,
Sans rien adiouster ny rabattre:
Car il nettoye l'estomac,
Mieux que ne fait pas le tabac,
Puis il fait la veüe subtile,
Et rend à bien pisser habile,
Il chasse aussi les vents du cû;
Reuerence. Mais que veux-tu?
Ne sçais-tu pas bien qu'à l'Eschole

H

Hyssopus purgans herba est é pectore phlegma,

Ad pulmonis opus cum melle coquéda iugata,

Vultibus eximium fertur prestare colorem.

Mentitur mentha si sit depellere lenta ventris lûbricos, stomachi vermesque nociuos.

Bis duo dat marathrum, febres fugat atque venenû;

Expurgat stomachum, lumen quoque reddit acutû.

Vrinare facit, ventris flatulque repellit.

Semen foeniculi pellit spiramina culi.

On parle de tout sans bricole.

Le pouliot pris dans du vin
Rend le melancholique sain,
Il guerit aussi vieille goute,
Où Chimistes ne voyent goute.

La ruë est herbe de renom,
Et noble en despit de son nom;
Le chassieux vsant de ruë,
Verra clair marchant par la ruë:
Elle cause vn contraire effet
En l'homme qu'elle rend plus froid,
Et en la femme qu'elle eschauffe,
Plus que ne l'est vn four qui chauffe.

La ruë rend ingenieux,
Chaste aussi, mais malicieux.
La mettant cuite en quelque place,
Toutes les puces elle chasse,
Et qui dans son lit en mettra.
Toute vermine en chassera.

Pourquoy faut-il que l'hôme meure;
Puis qu'en son iardin à toute heure
Il a de la sauge planté,

De Pulegio.
Cum vino nigram choleram potata repellit,
Appositam dicunt veteré sedare podagram.
Nobilis est ruta quia lumina reddit acuta,
Auxilio rutę, vir ippe, videbis acuté,
Ruta viris minuit venerem, mulieribus addit.

Ruta facit castum, dat lumen & ingerit astum.
Cocta & ruta facit de pulicibus loca tuta.

Cur morietur homo cui saluia crescit in horto?
Contra vim mortis non est

Dieu contre la mort n'a planté
Aucune herbe deſſus la terre
Pour garder l'homme de la guerre,
Et des lacs que mort a tendu
A ſon chetif indiuidu.

Sauge pourtant les nerfs conforte,
Rend la main qui tremble plus forte,
A la fieure donne congé,
Si i'ay bien le Latin changé
Sauge, lauande, & prime-vere
Redonnent la ſanté premiere
Aux malades du mal ſaint Pris,
Quand auec creſſon ils ſont pris,
Y ioignant de la tanaiſie,
Dont i'ay mangé par fantaiſie,
Sauge ſauue de pluſieurs maux,
Auſſi s'accordent ces deux mots.

Le creſſon retient la perruque
Du ſommet iuſques à la nuque,
Si vous en frottez les cheueux,
Ils en viendront plus forts & mieux.
Des dens il appaiſe la rage,

medicamen
in hortis.

Saluia con-
fortat neruos
manuumque
tremorem,
Tollit, & e-
ius ope febris
acuta fugit.

Saluia, ca-
ſtoreumque,
lauendula,
primula veris,
Naſtuot. A-
thanaſ.; hæc
ſanant paraly-
tica membra.

Saluia ſal-
uatrix, natu-
ræ concilia-
trix.
De Naſturtio.
Illius ſuccus
crines retine-
re fluentes,
Illitus ſleri-
tur, dentiſque
leuare dolo-
rem.
Lichenas
ſuccus pur-

Guerit dartres & feu volage.

Qu'est-ce qu'Enula Campana?

C'est herbe qui d'autre nom n'a;

Demandez-le à vn Herboriste,

A vn drogueur, à vn Chymiste,

Et s'il vous dit quelque autre mot,

Ie payeray pinte & fagot.

Tant y a qu'Enule Campane

Est fort bonne dans la ptisane,

Rend foye, ratte, & le cœur sain,

Mesme elle sert de Medecin,

A ceux qui ont quelque rupture,

Si auec ruë on fait la cure.

Les Medecins ne sont d'accort

Auec les oignons & la mort.

Pour la mort, ie le croy bien; passe.

Mais des oignons, que ie trespasse,

Si i'en deuine le pourquoy:

Si tu le sçais donc, dis le moy,

Preste moy seulement l'oreille,

Et ie l'empliray de merueille.

Le bon Galien dit que l'oignon

Aux

gat cum mel-
le perunctus.
Enula Cápa-
na reddit prę-
cordia sana.

Cum succo
rutæ succus si
sumitur eius,
Affirmát ru-
ptis quod
prosit potio
talis.

De cæpis
Medici non
consentire
videntur.

Fellitis non
esse bonas ait
ipse Galenus,

Aux coleriques n'est pas bon,
Mais il croit mieux qu'vn Heretique,
Qu'il aide fort au flegmatique :
Asclepius dit que le vin
A l'estomac n'est pas plus sain,
Et qu'il donne teint au visage,
Pareil à cil d'vn ieune Page ;
Si qu'homme laid rend aussi beau
Que l'est vn ieune iouuenceau.

Si par hazard le poil vous tombe
Auant qu'estre mis dans la tombe,
L'oignon pilé vous le rendra,
Où l'Eschole menty aura.

Si quelque ieune mariée
Desire auoir bien-tost lignée,
Ou si pour enfant tendrelet,
Nourrice auoir veut force lait,
Qu'elles mangent entr'autre herbage,
Force poreaux dans leur potage :
Auec poreau vous retiendrez
Le sang qui coule par le nez,
L'y mettant auec bon vinaigre.

Phlegmati-
cis vero mul-
tum putat esse
salubres.
Non modi-
cum sanas,
Asclepius
asserit illas,
Præsertim
stomacho,
pulchrumque
creare colo-
rem.

Contritis
cæpis loca
denudata ca-
pillis
Sæpe fricans,
capitis poteris
reparare de-
corem.
De Porro.
Reddit fœ-
cundas man-
sum persæpe
puellas,
Manantem-
que potest
naris retinere
cruorem,
Vngas si na-
res intus me-
dicamine tali.

De Vrticâ.
Ægris dat somnum, vomitum quoque tollit & vsum.

Illius semen colicis cum melle medetur,

Et tussim veterem curat si sæpe bibatur.

Frigus pulmonis pellit, ventrisque tumorem,

Omnibus & morbis ea subuenit articulorum.

Ce qui rend vn malade maigre,
C'est quand il ne dort aisément:
L'ortie appaise son tourment,
Empesche aussi qu'il ne vomisse
Mieux que ne feroit la reglisse.
Sa graine iointe auec le miel
Des coliques chasse le fiel,
Elle guerit toux enuieillie,
Et du poulmon chasse la lie
Qui le rend froid & langoureux,
Le fait deuenir vigoureux,
L'enflure du ventre elle abbaisse,
Fait mesme que la goute cesse.

Siler montanum non sit tibi sumere vanum,

Dat lumen clarum, quáuis gustu sit amarum,

Lumbricosque necat, digestiuamque reportat.

De cholerâ Iefo spinacia conuenit ori,

Et stomachis calidis huius

   Siler autrement seseli
A souuent la veüe embelli,
Quoy qu'il soit amer à la bouche,
Pourtant au cœur bien fort il touche,
Des vers chassant l'infection,
Il aide à la digestion.

   Manger espinars est vtile,
A bouche gastée de bile,
Aussi bien qu'à l'estomach chaut,

A qui l'appetit point ne faut.

 L'eau de saux dans l'oreille mise,
Les vers tuë, & les exorcise:
Son escorce guerit les clous,
Cuite en vinaigre oste les lous,
Les cors, les poireaux, les verruës,
Mais ses fleurs quand en eau sont bües,
Appaisent l'inflammation
Qui pousse à generation,
Et desseiche si bien la femme,
Que n'a besoin de Sage-femme.

De Salice.
Auribus infusus vermes succus necat eius,
Cortex verrucas in acet. cocta resoluit,
Huius flos sumptus in aqua frigescere cogit,
Instinctus Veneris cunctos acres stimulantes,
Et sic desiccat, vt nulla creatio fiat.

valetesus amari.

SEPTIESME CHANT.

Des Fleurs & des Graines.

IE vous donne vn bouquet de fleurs,
Elles sont de toutes couleurs,
Mais la plus belle est violette;
C'est vne agreable fleurette,
Qui vient la premiere au Printemps
Nous dire, voicy le beau temps.

De Viola.
Crapula discutitur, capitis dolor, atque grauedo,

Purpuream violam dicūt curare caducos,

D'où luy est cette humeur venüe,
De nous annoncer la venuë
Du Soleil, du ris, de l'amour,
Ie vous le diray quelque iour.

Cependant sans faire diuorce,
Voyons combien grande est sa force;
Elle est bien telle, que Bacchus
Souuent par terre elle a mis jus,
Et pour parler clair comme un Liure,
Elle empesche qu'on ne s'enyure;
Elle oste la douleur du chef,
Qui par fois cause grand meschef;
Rendez donc grace à cette graine
Qui vous guerit de la migraine,
Et vous oste la pesanteur
Qui garde d'estre bon sauteur;
Elle empesche aussi que la bile
Du chef par le nez ne distile;
Guerit mesme le mal caduc.
Qui le dit? R. ce n'est pas saint Luc.
Ce n'est donc pas mot d'Euangile;
R. De le croire il vous est facile,

Comme

Comme de ne le croire pas:
Mais taisez-vous, ou parlez bas,
Car vous me mettez en cholere;
Aussi ne sçauriez-vous vous taire;
Pour preuue, vous dire il suffit,
L'Eschole Salerne l'a dit.

Du sureau la füeille est puante,
Et la fleur odoriferante,
Ainsi la füeille laisseras,
Et les fleurs tu recüeilliras.

Saffran qui porte vn nom Arabe,
Fait que mieux on rit & se gabe,
N'en prends pas pourtant par excez,
Car il causeroit ton decez;
Tout en riant t'en irois boire
Du Styx infernal l'onde noire,
Le saffran réjoüit le cœur,
Et aux membres donne vigueur.

Petit est le grain de moustarde,
Le feu saint Antoine vous arde,
Si iamais vous auez rien vû
Qui soit plus mince & plus menu;

K

Sambuci flo-
res sambuco
sunt meliores,
Nam sam-
bucus olet,
flos redolere
solet.
Confortare
crocus narra-
tur lætifican-
do,
Et partes la-
xas firmare
hepar repa-
rando.

Est modicũ
granum siccũ
calidumque
sinapi,
Dat lacry-
mas, purgat
que caput,
tollitque ve-
nenum,

Il a toutesfois grande force,
Si que sans vous donner d'entorce,
Il tire les larmes des yeux,
Mais apres on n'en rit que mieux:
Car la teste aussi bien il purge,
Que si l'on prenoit de l'espurge.

    L'anis est bon à l'estomac,
Auec vn peu de cotignac,
Le premier pourtant peut suffire,
A qui n'a beaucoup dequoy frire,
Le meilleur anis est le doux.

    L'aneth chasse vents de chez nous,
Abbaisse les tumeurs du ventre,
Fait que plus en sort qu'il n'y entre;
J'entends des mauuaises humeurs,
Qui au ventre causoient tumeurs.

    Pour bien digerer, il faut prendre
De la graine de coriandre,
Elle est bonne aussi pour chasser
Les vents, & pour faire pisser.

Emendat visum, stomachum confortat anisum
Copia dulcoris aniso fit melioris,

Anethum ventos prohibet, minuitque tumores.

Ventres repletos prauis facit esse minores,

Confortat stomachum, ventum remouet coriandrum.

HVICTIESME CHANT.

Des Fruits.

PRens garde que les fruits d'Autonne
Ne facent tort à ta perſonne:
Il eſt vray que tu les as lûs
Deſia ces deux vers cy-deſſus ;
Mais ſçais-tu pas bien qu'à l'Eſchole,
Quand des enfans la troupe fole
N'a pas bien appris les leçons,
On les recommence : paſſons.

   Grands ſont les dons de la ceriſe,
Qui cauſent que moult on la priſe :
Premierement de l'eſtomac
Elle chaſſe le micquemac.
Secondement ſans cimeterre,
Des reins elle tire la pierre,
Non pas elle, mais ſon noyau,
Qui pour ce n'vſe de hoyau ;

Autumni fructus caucas, ne ſint tibi luctus.

Si ceraſum comedas, tibi confert grandia dona,

Expurgat ſtomachum, nucleus lapidem tibi tollit,
Hinc melior toto corpore ſanguis ineſt.

Ce n'est encor luy, mais l'amande,
Qui hors des reins la pierre mande,
Elle fera que meilleur sang
Par les veines t'ira glissant.

La prune à rafraischir est bonne;
Aussi pour lascher la personne.

En nostre cour est vn poirier
Iustement auprés d'vn noyer;
Mais parlons deuant de la poire,
Tu n'en mangeras point sans boire,
Car poire mangée sans vin
Est quasi pire que venin.

Si poires du venin estoient,
Tous les poiriers maudits seroient;
Mais poire qui cruë est poison,
Cuite sert de contrepoison:
Poire cruë l'estomac greue,
La mesme cuite le releue;
Aprés la poire boire il faut,
Et aprés la pomme va tost.

Afin qu'en l'ordre tu ne peche,
Dedans le vin mange la peche,

Frigida sunt,
laxant, multū
prosunt tibi
pruna,

Fert pyra
nostra pyrus,
sine vino sunt
pyra virus,

Si pyra sunt
virus,
sit maledi-
cta pyrus.
Dum coquis
antidotum
pyra sunt, sed
crudavenenū,
Cruda gra-
uant stoma-
chum, releuāt
sed cocta
grauatum.

Post pyra da
potum, post
pomum vade
cacatum.
Persica cum
musto vobis
datur ordine
iusto sumere,

Auec

Auec le raisin mets la nois,
Et n'en mange pas iusqu'à trois.

Le raisin cuit nuit à la rate,
Et sert au poumon qu'il dilate,
Est vtile au foye & aux reins,
N'en mangeant ny peau ny pepins.

Qui a soif, la meure il appete,
La meure recrée la lüete,
Et le gosier pareillement,
Si nostre Eschole point ne ment.

Manger la figue est chose saine,
A qui a mal à la poitraine,
Poitrine dire se deuoit,
Mais faire rire on te vouloit:
Car ie crois sans te voir, beau Sire,
Que n'aime mieux pleurer que rire;
Democrite aussi plus te plaist,
Que cét Heraclite benaist,
Qui tousiours pleuroit sa misere,
Et tousiours imitoit le braire
D'vn asne qui ressent le fais
De quelque charge de cotrais.

L

sic est mos
nucibus so-
ciando race-
mos.

Passa nocet
spleni, tussi
valet, est bo-
na reni, Vtili-
tas vuæ sine
granis, & si-
ne pelle.

Mora sitim
tollunt, re-
creant cum
faucibus
vuam.

Pectus le-
nificant ficus,
ventremque
relaxant.

Parlons maintenant de la figue.
Du ventre elle lache la digue,
Cruë ou cuite il n'importe pas,
Elle purge fort bien par bas,
Elle nourrit bien, & engraisse,
Et guerit mainte bosse espaisse,
Glandes, escroüelles, tumeurs
S'en vont plus viste que fruits meurs,
Mettant dessus figue boüillie;
Mesme, & ce n'est point menterie,
Elle tire les os du corps,
S'ils sont rompus, & les met hors,
Pourueu qu'au pauot on la ioigne.

S'elle guerissoit de la teigne,
De peine elle me tireroit:
Car la rime bonne seroit;
Et peut-estre qu'à l'auanture
Elle est vtile à cette cure.

Mais pour à la nesfle passer,
Qui fait abondamment pisser,
Elle resserre fort le ventre,
Et n'est pas bonne pour vn chantre.

Nutrit & impinguat, varios curat-que tumores,

Scropha, tumor, glandes eius cataplas-mate cedunt,

Iunge papa-uer ei, confra-cta foris tra-hit ossa.

Multiplicat mictum, ven-trem dant mespila stri-ctum.

La nefle dure au gouſt vaut mieux,
Non à ſanté; Car ce ſont deux.

   Poiure noir eſt prompt à diſſoudre
Flegmes, comme vn moulin à moudre,
Il haſte la digeſtion,
Le blanc à l'eſtomac eſt bon,
Aux toux, & douleurs eſt vtile,
Il deſtourne auſſi de la bile
Le paroxiſme vehement,
Que friſſon l'on nomme autrement.
   L'vſage frequent du gingembre
Ne nuit point au mois de Decembre:
Car il eſchauffe, & maux anciens
Il guerit mieux que Phyſiciens,
Le dégouſt des viandes il oſte,
Quand cauſe froide en eſt la faute.

Mespila dura placent, sed mollia ſủnt meliora.

Quodpiper eſt nigrũ, ncn eſt diſſoluere pigrum.

Phlegmata purgabit concoctricemque iuuabit,

Leucopiper ſtomacho prodeſt, tuſſique dolorique Vtile, præueniet motum, febriſque rigorem.

Zingiber ante datum. morbum fugat inueteratum,

Poſtque datũ mollit ventris faſtidia tollit.

NEVFIESME CHANT:
De la Chair des Animaux.

Bonne eſt la poule & le chapon,
La tourterelle & le pigeon,

Sunt bona Gallina & capo, turtur, ſturna, columba.

Quiſquila, phaſſades, merulæ, ſimul ortygometra,
Et perdix, ſrigillus, orix tremuluſque amarellus.

La caille, le faiſan, le merle,
Perdrix, gelinote, ſarcelle,
Le tour, que griue on nomme auſſi
Sont viandes de gens ſans ſoucy.

O fluuialis anas quanta dulcedine manas!
Si mihi cauiſſem, ſi ventri fræna dediſſem,
Febres quartanas non renouaſſet anas.

O canart, hoſte de riuiere,
Combien ta douceur me fut chere!
Si i'en euſſe vſé ſobrement,
Pas ne ſentirois le tourment
D'vne forte fievre quartaine
Qui me donne la courte-halaine.

Auca ſitit Coummenſis, campis Acheloum.
Auca petit Bacchum, mortua, viua lacum.

L'oye eſt vn plaiſant animal,
Il n'y penſe ny bien ny mal;
Il veut de l'eau pendant ſa vie,
Et mort eſtant du vin il crie;
Ou pluſtoſt, qui le mangera
Du vin pour luy demandera.

Eſt caro porcina abs vino tibi peior ouina : Si tribuis vina, eſt hæc, & cibus & medicina;

Le mouton eſt meilleur ſans doute,
Que la chair de porc, quoy qu'il coute,
Si ce n'eſt qu'auecque du vin
Vous mangiez porc : car en ce poin,
La chair du porc qui ne rumine
Vous ſeruira de Medecine,

Qui

Qui porc auec oignon prendra,
Cela du fené luy vaudra.

   Chairs de veau font moult nourrif-
    fantes,
Et quelque peu rafraifchiffantes.
   Le poiffon eft ou mol ou dur ;
De mous, le grand eft le plus fûr,
S'il eft dur, alors tu dois prendre
Le petit, car il eft plus tendre.

   Brochet fans ton, carpe fans peau,
Et fans billon prends le barbeau:
Qui ne mange chair fe confole,
S'il a brochet, ou perche, ou fole,
Grenau, merlus, carpe, goujon,
Truitte, flez, plie, tout eft bon.

   Manger anguille eft fort contraire
A qui veut auoir la voix claire,
Qui la Phyfique bien fçaura
Peine à me croire pas n'aura,
Manger fromage, ou bien anguille
A la fanté n'eft pas vtile,
Si ce n'eft qu'on boiue dautant,

M

Carnes por-
cinæ cum ce-
pis funt Me-
dicinæ.
  Sunt nutri-
tiuæ multùm
carnes vituli-
næ;

  Si pifces
molles funt
magno cor-
pore tolles,
  Si pifces du-
ri, parui funt
plus valituri.

Lucius &
perca & fa-
xaulis, & al-
bula, tinca,
  Gornus,
playitia, &
cum carpa,
gobio, trutta,

Vocibus an-
guillæ prauæ
funt fi come-
dantur,
  Qui Phyfi-
cen nõ igno-
rant, hoc te-
ftificantur,
  Cafeus, an-
guilla nimis
obfunt fi co-
medantur,
  Ni tu feçe
bibas, & rebi-
bendo bibas.

Et qu'on recommencè souuent.
    Au foye ne donne loüanges
Si poule ou canard tu ne manges.
    Boudin de pourceau, mieux tu vaux
Que ceux des autres animaux!
Cœur de porc engendre tristesse,
Sa rate au contraire liesse,
    Si tu me crois, tu mangeras
Les reins du seul cheureau gras.

DIXIESME CHANT

Adiousté à l'Eschole de Salerne,
du choix des Parties, Aages
& Saisons des Ani-
maux.

L'Aloüette est bonne en Nouembre,
En Octobre, & mesme en Decembre,
Le fiel osté, tout en est bon.
Du canard prendras le rognon,
Le blanc, le foye, & le derriere,

En Hyuer sa chair est plus chere.

L'oye ne doit auoir qu'vn an,
Prends-en le derriere & le blan.

Bon chapon du Mans d'vne année
Vaut bien autant qu'vne eschinée:
Il est bon pendant tout l'Hyuer,
Principalement à souper,
Prends-en le croupion & l'aile :
Mais le blanc vaut bien autant qu'elle.

La caille en Hyuer mangeras,
En Septembre ne la lairras,
Non plus qu'en Aoust, de son derriere
Tu pourras faire bonne chere.

De trois semaines le pigeon
Prendras, si le veux manger bon;
Du pigeon le ventre & la cuisse,
Plus que tout le reste appetisse.

Poule grasse au mois de Ianuier,
De Mars, aussi de Feurier;
Aile, croupion & le ventre
Ne sçauroient faire mal au ventre.
(Là là, Monsieur le Critiqueux

Ventre d'homme & d'oiseau sont
deux)
Deux bons poulets de six semaines
Ne sont pas mauuais pour estreines,
L'aile en est le meilleur au goust,
Depuis Auril iusques en Aoust.
Prends en Hyuer la gelinote,
Et de l'aile le bec te frote.
Bon poulet d'Inde de trois mois,
En Hyuer vaut mieux qu'vne nois,
Poule d'Inde en Hyuer est bonne
Pour rassasier la personne:
Son gras ventre & son estomac
Nourrit plus qu'vn muid de tabac.
Aussi le plongeon & le merle
En Hyuer vaut mieux que la berle:
Quiconque bizet mangera
En Hyuer, bien s'en trouuera.
Le ramier & les moineaux mange
Enuiron le temps de vendange.
La perdrix est bonne en tout temps,
En Hyuer vaut mieux qu'au Printeps,

Son

Son aile auecque jus d'orange
Te fera faire chere d'Ange.
　En Septembre, Aoust, Iuillet, per-
dreaux
Valent mieux que caſſemuſeaux,
Du faiſan Hyuer & Autonne
L'aile nourrit bien la perſonne ;
　En Hyuer prends le cormoran,
Et en tout temps mange le pan.
　La becaſſe Hyuer & Autonne,
Par tout, iuſqu'à la merde eſt bonne.
　La griue qu'on nomme auſſi tour,
Doit auoir vn mois & vn iour,
Elle nourrit bien la perſonne
Pendant tout l'Hyuer & l'Autonne.
　La tourterelle qui gint tant,
Depuis l'Eſté iuſqu'au Printemps.
　Depuis May iuſques en Decembre,
Du mouton mangeras le membre,
Eſpaules, pieds & haut-coſté.
　L'agneau qui encor n'a tetté
Iuſqu'à la ſeptieſme ſemaine,

A digerer ne fera peine,
Non plus que la longe de veau,
Ou la roüelle au renouueau.

Chair de bœuf en tout temps se mange,
Mais depuis le temps de vendange,
Tout l'Hyuer iusqu'au mois de Mars
Elle nourrit plus qu'espinars.
Le bœuf de tranche ou de poitrine
Ne fait point mauuaise cuisine;
Le simier, aussi l'aloyau
Remplissent bien le long-boyau.

En Hyuer le rable de lieure
Ne te peut pas donner la fieure,
Non plus que son fils le leuraut,
A qui sauce douce tant vaut.

D'vn ou deux mois le cheureau
Tu mangeras au renouueau,
Les costes, le ventre & la teste
Sont tout le meilleur de la beste,
En Hyuer le porc est fort bon,
Et pendant tout l'an, le cochon.

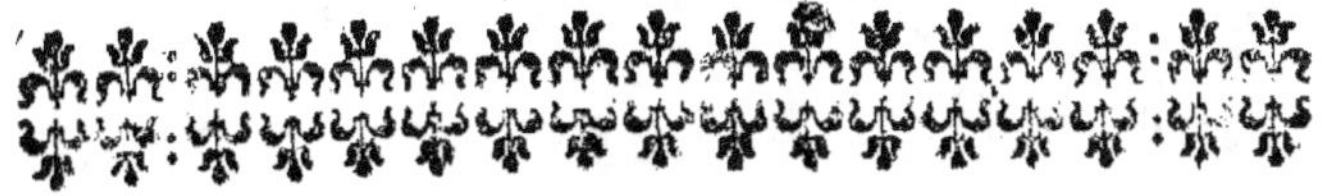

L'IMPRIMEVR

AV LECTEVR.

E Poëme Macaronique compofé par vn des plus excellens Poëtes du fiecle paffé fur le defordre des guerres ciuiles, m'eftant tombé depuis quelques iours entre les mains, i'ay creu qu'il ne viendroit pas mal auec l'Efchole de Salerne. Il reprefente naïfuement les defordres que font les gens de guerre à la campagne, & neantmoins en vn fi trifte fujet donnent matiere de rire. Au refte, on en doit

faire dautant plus d'eſtime, que c'eſt le ſeul Poëme de cette nature, que nous auons en noſtre langue : Car ceux d'Antoine de Arena approchent plus du Prouençal que du François, & ceux de Merlin Coccaye ſont Italiens. Prens le tout en bonne part, Lecteur, puis qu'on n'y a cherché que ta ſatisfaction.

POEMA

MACARONICVM,

DE BELLO

HVGVENOTICO,

TEMPVS erat quo Mars rubicundam sanguine spadam
Ficcarat crocco, permutaratque a botilla,
Ronflabatque super lardum vacuando barillos,
Gaudebatque suum ad Solem distendere ventrem,

a Bouteille.

O

Et pottæ horridulum Veneris
　gratare pilamen,
Vulcanique super pileum attac-
　care penachium;
Nam Iouis interea clochitans
　dum fulmen aguisat,
Et resonare facit patatro pata-
　tacque sonantes
Enclumas, tornat candens dum
　forcipe ferrum,
Martellosque menat, celeres me-
　nat ille culatas,
Et forgeronis foriat duo cornua
　fronti.
Sic tempus passabat ouans cor-
　nando bon-homum,
Artes oblitus Solis, diuumque
　brauadas;
Non corcelletos, [b] elmos, non
　amplius arma,
Nil nisi de boccâ Veneris Mars

[b] Heau-
mes.

basia curat,

Basia quæ Diuos faciant penetra-
re cabassum.

Omnia ridebant securum ; namque canailla

Frantopinorũ spoliata, domum-
que reuersa

Agricolam aculeo tauros pioca-
re sinebat,

Et cum musetta festis dansare
diebus

In rondum vmbroso patulæ sub
tegmine fagi :

Denique pastillos paruos, tartas-
que coquebat

Pax cælo delapsa, nouam spon-
sando brigatam.

Ceruellos hominum ecce ve-
nit piccare ᶜ tauanus   ᶜ Vn taon.

Hunc muscam guespam veteres
dixere vilani :

Ecce venit, venienfque replet
   tinnitibus vrbes,
Infernus quid fit, Paradifus, quidve Diablus,
Quidve fides, quid Religio, quid
   denique cælum
Omnes fcire volunt per Pfalmos,
   per Catechifmos,
Omnibus æternæ fitur fpes vna
   falutis;
Incagant primum Papæ, rubeif-
   que capellis;
Euefquis, Pretris, paruos feman-
   do Libellos,
Sucratis populumque rudem
   amorcando parolis.
Poft ea fancta nimis, fed gar-
   rula Prædicantum
Turba fubit, qua turbidior non
   vifitur vfquam,
Infernum turbauit enim cæ-
         lumque

lumque, Solumque,
Et dedit innumeros flammis &
   piscibus escam;
„ Nec pluris faciunt Pantouflam
   Sacro-sanctam,
„ Quàm faciunt veteres rogno-
   sa in calce sauatas.
Ah ! pereat, citò sed pereat
   miserabilis ille
Qui menat in Francam nigrâ de
   gente Diablos
Heu pistolliferos Reistros, trai-
   strosque volores,
Qui pensant nostram in totum
   destrugere terram;
Nunquam visa fuit canailla bri-
   gandior illâ;
Egoriant, homines spoliant, for-
   cantque puellas,
Nil nisi forestas (domicilia tuta
   brigantum)

P

Cherchant luce, tenent grandes,
    fed nocte caminos:
Blafphemare Deum primis didi-
    cere parollis.
Arreftant homines, maffacrant,
    inque riuieras
Nudos deijciunt mortos, paf-
    cuntque grenoüillas,
Piftollifque fuis faciunt trembla-
    blare *d* folieros.
Stellarum mala razza virum bo-
    na falfa Diabli;
Semper habent multo nigrantes
    puluere barbas,
Semper habent oculos colera,
    vinoque rubentes,
Lucentes bottas multa pingue-
    dine lardi,
Et cum bandiera longos fine fine
    e capellos
Nigra quibus pendet caftrati

d Les hõ-
mes feuls.

e Cha-
peaux.

pluma caponis.

Non [f] guardant vnquam dritto
   cum lumine quenquam,

Sed guardant in qua magafinum
   parte gubernet

Siue ferat bursâ pourpointo, fiue
   bragueta.

[g] Reliquias rapiunt, Mitras,
   Croffafque doratas,

Platinafque, Crucefque, ada-
   mantas, iafpidas, aurum,

Veluceas cappas, & totum mo-
   bile Chrifti.

De magnis Feftis, de viuis deque
   Trepaffis,

Altaris, Chriftum fpoliant, Cali-
   cefque rapinant,

Eglifas [h] Sotofopra ruunt, mu-
   rofque ruinant,

Petra fuper Petram vix vna, aut
   altra remanfit.

Omnia Sanctorum in pieſſas ſi-
mulacra fracaſſant,
Incagant Pretris, monſtrantque
culamina Chriſto.
Dicam ego ſuſpirans oculis la-
crymantibus omnes
Horribiles caſus quos in ſacaia-
mine vidi.
Vidi Sampietros, Crucifixos,
Virgo-Marias,
Sebaſtianos, laceros crudeliter
ora,
Ora, manuſque ambas, populata-
que tempora raptis
Auribus, & truncas inhoneſto
vulnere nares.
Heu pietas! eheu! ſacris com-
paſſio rebus,
Omnia diripiunt, vngliſque ra-
pacibus ipſa
Condita de Chaſſis brûlant oſ-

ſamina

ſamina ruptis,
Aut pro Kareſmo canibus ro-
denda relinquunt,
Teſticulos ſacros Pretris Mo-
nachiſque reuellunt,
Deque illis faciunt andoüillas at-
que bodinos,
Aut ceruelaſſos pratico de more
Milani;
Taillant auriculas, collo faciunt-
que catenas,
Et ſine razoüero raclantque la-
uantque coronas,
Quam marquam vocitant, ma-
ior quam beſtia fecit.
Vnctos eſcoriant digitos, mer-
dantque Breuierum,
Et fœcunda premunt tractis ge-
nitoria cordis,
Vt dicant vbi ſcutorum requie-
ſcat aceruus,

Q

Factus de Miſſis, de Veſpris, de-
    que Matinis,
De Chriſto, altariſque bonâ de
    Meſſe coactis,
Heu poueros mortos de bieris
    deque ſepulchris
Tirant, effoſum vt poſſint pilla-
    re ꝛ piumbum.

ꝛ Plomb.

Spauantant homines oculis, Go-
    ticiſque parollis,
Et cum Goth, Stroph, Trinth
    viuos mortoſque fatigant.
Hoc ſolamenter dicam; vidi ipſe
    brigatam
Pretorum, Templi viſis in limine
    Reiſtris
Concagare ſuas nimia formidine
    bragas:
Namque alij furnos, alij ſubiere
    latebras
Marineras, caueas, puteos, at-

que antra ferarum
Et fugêre procul Missa Vesprif-
que relictis,
Vt timidi fugiunt, viso falcone,
canardi:
Nil illis troppo calidum fræ-
dumve Diablis,
Omnia conijciunt carrectis atque cauallis
Chaudrones, pintas, plattos, resa
[k] calda, salieras,
Landieros, brochas, lichefrittas,
pottaque pissos,
Ænea, cuprea, ferrea, denique
totum
Vnum omnes mestierum agi-
tant quo vita paratur,
Cuncta volant, ventremque re-
plent de carne salata
Edocti plenis animam tirare bo-
tillis,

[k] Res-
chauds.

Et bene composito rictu im-
  broccare barillos.
Hei mihi ! quod vinum Fran-
  cum tam vasta lauarit
Ora, siti æternâ flammisque vo-
  racibus vsta:
Ite, ite ad Rheni fauces sitibun-
  da propago,
Perpetuosque ignes liquidis ex-
  tinguite lymphis;
Ite exsiccatis vindemia chara to-
  nellis,
Ite, nec in nostrum tam dulce re-
  currite vinum.
Festa dies aderat Martini semper equestris,
Cuius læua tenet chlamydem,
  premit altera spadam,
Hic caualierus eques gallandi-
  ter vsque cauallo
Insidet, auratis bardis panochis-
       que

que superbo,
Piaffam inter sanctos faciens,
  semperque paratus
Partem mantelli stropiato scin-
  dere Diablo.
Hâc quisque in cheram se se
  diffundit amicam,
Namque omnes agitant conui-
  uia læta, probantque
Dolia percando caueis noua
  musta reclusis,
Istam namque diem passant ge-
  nialiter omnes
Cum Masquis centum, centum-
  que Momonibus auctum.
Festa sed infesti infestarunt sa-
  cra *l* Mâtini   *l* Mastins.
Nam quis erit verè caldum qui
  dicet alarmum,
Cum mollinorum, populo trem-
  blante, rotantes

R.

Plus centum tremulis flagrarent
  ignibus alæ.
Curritur ad clochas don don
  quæ sæpe frequentant;
Tocsinumque sonat timidi trom-
  petta vilani,
Et taborinorum plan, plan, fa-
  raranque tubarum,
Auditur per totam vrbem, fit
  clamor, & ingens
Fit strepitus, populusque volans
  rareforqua frequentat,
Pars animosa ruit, merdat pars
  altera bragas,
Pars sentinellas ponit, guardas-
  que redoublat,
Merces quisque suas retrahit, ser-
  ratque botiquam,
Et soudos serrat veteres, serrat-
  que culamen;
Merdosas serrantque nates ani-

mositer omnes,
Sunt qui Mosquetos, coleuri-
   nas, passauolantes
Supra Parrapetos, casamattas,
   atque viperos
Braquant, vt possint flammas depellere flammis.
Sic ita formicæ vadunt redeunt-
   que frequentes
Victum portando spallis pro
   tempore fredo,
Feruet opus, populusque niger
   noua grana soterrat,
Briga fit armati populi, timor arma ministrat,
Qui portat brocham, qui lan-
   cam, qui iauelinam,
Hic pertusanam, spadam, gros-
   sosque petardos
Vestitos roüillâ, & cargatos ante
   mil annos.

Hic barras aptat portis , ar-
matque feneſtras,
Magnis ſaxorum cumulis pe-
triſque quadratis
Et centum greſſis, lanternis, pot-
tâ-que-piſſis,
Quadrupedum iaciunt argentea
ferra pauorem ,
Moreque Sangeorgi courſieris
atque focinis
Nocturnos guettos plateas galo-
pando ſubintrat,
Donec fit iornus quo non iour-
nalior alter.
Quod ſi iterum redeat,ciues ite-
rumque laceſſat,
Seditio inficiens mutino brouïl-
lamine Francam
Forte quid expediat ſocij iam
quæritis, iſtam
Linquamus profugi patriam, na-
toſque

tofque, larefque,
Faua lupifque rapacibus atque
   brigandis
Soulieris poudram fecoüemus,
   abire neceffe eft.
Quo noscunque ferent plantæ,
   quo pontus & aër
Nos vocat; ad ventum plumam
   iaciamus amici,
Sed iuremus in hæc. Currant
   prius in mare cerui,
Et pifces bofcos habitent, & flumina catti,
Et Noftradamæ prius altas Se-
   quana turres
Exuperet, prius agna lupos la-
   nietque feroces,
Quàm nobis redeat redeundi fo-
   la voluntas.
  Hinc procul, hinc igitur, procul
   hinc fugiamus amici

Inque nouas terras, Brefillum,
   feu Calicutum
Migremus fubitò fatis meliori-
   bus acti;
Albanos, Arabas, Parthos, gen-
   temque Morefcam,
Perliferofqne maris campos, In-
   dofve petamus,
Qui procul hinc habitant extre-
   ma culamina mundi;
Turget vbi femper mufcatis
   vua racemis,
Floret vbi femper Muguetta, ca-
   nella, Giroflus
Magnaque formaio frefco mon-
   tagna liquifcit,
Albefcunt vbi lacte nouo cita
   flumina femper,
Et mouchæ mellis paffim fua
   mella repandunt;
Hic truncis vbi Burra fluunt

Vanuæa cauatis,

Somnus vbi dulcis, requies vbi
femper amœna,

Prædica nec certis fignoribus atque prieris

Suffarcita nouum fparfit fæcun-
da venenum,

Nec Catechifmus adhuc nigri
farina Diabli,

Seditiofa nimis, nec herba nefan-
da miniftri,

Qui manibus cunctis oculos ad
fidera driffunt,

Et male pegnatam portant in
pectore barbam

Ora melancholico pingentes illi-
ta plumbo.

Troublarunt nondum mutino
troublamine gentem:

Caluinus nec Beza fuæ duo vul-
nera terræ,

Qui femauerunt peftem can-
    crumque tenacem,
Felici nondum pofuere cubilia
    terræ;
Terræ, vbi Lutheros Zuingle-
    ros, Anabaptiftas,
Albigeos, Nicolos, infanda ne-
    fandaque terris
Nomina, Huguenotico nun-
    quam fatiata veneno
Eft audire nefas, illic namque
    omnia rident,
Ridet humus, rident pueri, ri-
    dentque puellæ:
Illic namque canunt canfones
    atque fonetos,
Mifcendo preffim luctantibus
    humida linguis,
Ofcula difficili faciles in amore
    miniftros.
Hîc lauros agitant verdos, her-
    bafque

basque nouellas
Venticuli molles, trepidi suffla-
  minis aurâ;
Illic verdentes fagi, cedrique,
  pinique
Largos protendunt ramos, her-
  basque fugaces,
Non ibi villani socco cultroque
  fatigant
Arua, iugo indomiti subeunt nec
  colla iuuenci.
Semper enim non cultus ager sa-
  ta læta raportat.
Non ibi spinosis buissonibus atra
  tumescit
Vipera, nec colubræ pando ven-
  tramine repunt:
Semper ibi sed grata quies & ple-
  na voluptas.
Non ibi bruslantur nimio caldo-
  re, Leonis

T

Arua, nec vrenti de Sole creua-
    ta fatiscunt :
Nulla gregi clauclata nocet, fal-
    laxque veneni
Herba, nec incauto nocet hic
    Sorciera maligna,
Semper ibi ver perpetuum, sem-
    perque moratur
Alma quies, par imperium, sorſ-
    que omnibus æqua,
Pluraque felices mirabimur; hîc
    vbi semper
Temperies æterna manet, cæli-
    que, solique.
Ergò migrenus socij; nam Iupi-
    ter illam
Secreuit nobis Patriam, simulat-
    que recenti
Aëre dehinc multo roüillauit sæ-
    cula ferro.

FINIS.

PRIVILEGE DV ROY.

OVIS PAR LA GRACE DE DIEV ROY DE FRANCE ET DE NAVARRE. A nos amez & feaux Conseillers les gens tenans noftre Cour de Parlement à Paris, Maiftres des Requeftes ordinaires de noftre Hoftel, Preuoft de Paris, & à tous nos autres Iufticiers & Officiers qu'il appartiendra, Salut, noftre bien-aimé le Sieur MARTIN Docteur en la Faculté de Medecine de noftre ville de Thoulouse, Nous a fait remonftrer qu'il a compofé en vers Burlefques le Liure intitulé *L'Efchole de Salerne, & Poëma Macaronicum de Bello Huguenotico*, qu'il defireroit faire imprimer, s'il nous plaifoit, luy octroyer nos Lettres à ce neceffaires. A ces caufes défirant fauorablement traitter l'Expofant, & qu'il ne foit fruftré de fon labeur, luy auons permis & permettrons par ces prefentes de faire imprimer par tel 'Libraire que bon luy femblera lefdit Liure, iceluy mettre ou faire mettre, & expofer en vente durant le temps de cinq ans, à compter du iour qu'il fera acheué d'imprimer, Defendons à tous autres, de quelque qualité & condition qu'ils foient, de l'imprimer, ny faire imprimer, durant ledit temps, fous quelque marque ou caractere que ce foit, à peine de cinq cens liures d'amende, & de tous defpens, dommages & interefts, enuers l'Expofant, ou ceux ayans droit de luy, A la charge d'en mettre deux exemplaires dans noftre Bibliotheque publique, auant l'expofer en vente, fuiuant noftre Reglement, A peine d'eftre defcheu du prefent Priuilege : SI VOVS MANDONS que du contenu en ces prefentes, Vous faciez iouïr ledit Sieur MARTIN, & ceux qui auront droit de luy, plainement & paifiblement, Voulons en outre, qu'en metant à chacun exemplaire dudit Liure ces prefentes, ou extraict d'icelles, elles foyent tenuës pour bien &

duëment signifiées : CAR tel est nostre plaisir. Donné à
à Paris le septiesme iour de Iuin, l'an de Grace mil six cens
quarante neuf, Et de nostre regne le septiesme.

Par le Roy en son Conseil.  BOZACE.

CE iourd'huy 23. Septembre 1649. l'ay cedé & trans-
porté le present Priuilege au Sieur IEAN HENAVLT
Marchand Libraire, Imprimeur à Paris, pour en ioüir le
temps porté par iceluy, en foy de quoy i'ay signé,

MARTIN Docteur en Medecine.

Acheué d'imprimé le 30. Octobre 1649.
Les Exemplaires ont esté fournis.

www.ingramcontent.com/pod-product-compliance
Lightning Source LLC
LaVergne TN
LVHW012207170726
843503LV00005B/1938